Recipe

SERVES: **PREP TIME:**   **BAKE TIME:**

Ingredients

Instructions

Recipe

SERVES: **PREP TIME:** **BAKE TIME:**

Ingredients

- [ ]
- [ ]
- [ ]
- [ ]
- [ ]
- [ ]
- [ ]
- [ ]
- [ ]
- [ ]

- [ ]
- [ ]
- [ ]
- [ ]
- [ ]
- [ ]
- [ ]
- [ ]
- [ ]
- [ ]

- [ ]
- [ ]
- [ ]
- [ ]
- [ ]
- [ ]
- [ ]
- [ ]
- [ ]
- [ ]

Instructions

Recipe

SERVES: **PREP TIME:**   **BAKE TIME:**

Ingredients

Instructions

Recipe

SERVES: **PREP TIME:** **BAKE TIME:**

Ingredients

Instructions

Recipe

SERVES: **PREP TIME:**   **BAKE TIME:**

Ingredients

Instructions

Recipe

SERVES: **PREP TIME:** **BAKE TIME:**

Ingredients

Instructions

Recipe

SERVES: **PREP TIME:**   **BAKE TIME:**

Ingredients

- [ ]
- [ ]
- [ ]
- [ ]
- [ ]
- [ ]
- [ ]
- [ ]
- [ ]
- [ ]

- [ ]
- [ ]
- [ ]
- [ ]
- [ ]
- [ ]
- [ ]
- [ ]
- [ ]
- [ ]

- [ ]
- [ ]
- [ ]
- [ ]
- [ ]
- [ ]
- [ ]
- [ ]
- [ ]
- [ ]

Instructions

Recipe

SERVES:　　　　　**PREP TIME:**　　　　　**BAKE TIME:**

Ingredients

- [ ]
- [ ]
- [ ]
- [ ]
- [ ]
- [ ]
- [ ]
- [ ]
- [ ]
- [ ]

Instructions

Recipe

SERVES: **PREP TIME:**   **BAKE TIME:**

Ingredients

Instructions

Recipe

SERVES: **PREP TIME:**   **BAKE TIME:**

Ingredients

Instructions

Recipe

SERVES:　　　　**PREP TIME:**　　　　**BAKE TIME:**

Ingredients

Instructions

Recipe

SERVES: **PREP TIME:**   **BAKE TIME:**

Ingredients

Instructions

Recipe

SERVES: **PREP TIME:**   **BAKE TIME:**

Ingredients

Instructions

Recipe

SERVES: **PREP TIME:** **BAKE TIME:**

Ingredients

Instructions

Recipe

SERVES: **PREP TIME:**   **BAKE TIME:**

Ingredients

Instructions

Recipe

SERVES: **PREP TIME:** **BAKE TIME:**

Ingredients

Instructions

Recipe

SERVES: **PREP TIME:**   **BAKE TIME:**

Ingredients

Instructions

Recipe

SERVES: **PREP TIME:** **BAKE TIME:**

Ingredients

Instructions

Recipe

SERVES: **PREP TIME:**   **BAKE TIME:**

Ingredients

Instructions

Recipe

SERVES: **PREP TIME:**   **BAKE TIME:**

Ingredients

Instructions

Recipe

SERVES: **PREP TIME:** **BAKE TIME:**

Ingredients

Instructions

Recipe

SERVES: **PREP TIME:** **BAKE TIME:**

Ingredients

Instructions

Recipe

SERVES: **PREP TIME:**   **BAKE TIME:**

Ingredients

Instructions

Recipe

SERVES: **PREP TIME:**   **BAKE TIME:**

Ingredients

Instructions

Recipe

SERVES: **PREP TIME:**   **BAKE TIME:**

Ingredients

Instructions

Recipe

SERVES: **PREP TIME:** **BAKE TIME:**

Ingredients

-
-
-
-
-
-
-
-
-
-

Instructions

Recipe

SERVES: **PREP TIME:**   **BAKE TIME:**

Ingredients

Instructions

Recipe

SERVES: **PREP TIME:**   **BAKE TIME:**

Ingredients

Instructions

Recipe

SERVES: **PREP TIME:**   **BAKE TIME:**

Ingredients

-
-
-
-
-
-
-
-
-

Instructions

Recipe

SERVES: **PREP TIME:** **BAKE TIME:**

Ingredients

- [ ]
- [ ]
- [ ]
- [ ]
- [ ]
- [ ]
- [ ]
- [ ]
- [ ]
- [ ]

Instructions

Recipe

SERVES: **PREP TIME:** **BAKE TIME:**

Ingredients

Instructions

Recipe

SERVES: **PREP TIME:**   **BAKE TIME:**

Ingredients

Instructions

Recipe

SERVES: **PREP TIME:**   **BAKE TIME:**

Ingredients

Instructions

Recipe

SERVES: **PREP TIME:**   **BAKE TIME:**

Ingredients

Instructions

Recipe

SERVES: **PREP TIME:** **BAKE TIME:**

Ingredients

Instructions

Recipe

SERVES: **PREP TIME:**   **BAKE TIME:**

Ingredients

Instructions

Recipe

SERVES: **PREP TIME:** **BAKE TIME:**

Ingredients

Instructions

Recipe

SERVES: **PREP TIME:**   **BAKE TIME:**

Ingredients

Instructions

Recipe

SERVES: **PREP TIME:** **BAKE TIME:**

Ingredients

Instructions

Recipe

SERVES: **PREP TIME:**   **BAKE TIME:**

Ingredients

- [ ]
- [ ]
- [ ]
- [ ]
- [ ]
- [ ]
- [ ]
- [ ]
- [ ]

- [ ]
- [ ]
- [ ]
- [ ]
- [ ]
- [ ]
- [ ]
- [ ]

- [ ]
- [ ]
- [ ]
- [ ]
- [ ]
- [ ]
- [ ]
- [ ]

Instructions

Recipe

SERVES: **PREP TIME:**   **BAKE TIME:**

Ingredients

Instructions

Recipe

SERVES: **PREP TIME:**   **BAKE TIME:**

Ingredients

Instructions

Recipe

SERVES: **PREP TIME:**   **BAKE TIME:**

Ingredients

Instructions

Recipe

SERVES: **PREP TIME:**   **BAKE TIME:**

Ingredients

- [ ]
- [ ]
- [ ]
- [ ]
- [ ]
- [ ]
- [ ]
- [ ]
- [ ]
- [ ]

- [ ]
- [ ]
- [ ]
- [ ]
- [ ]
- [ ]
- [ ]
- [ ]
- [ ]
- [ ]

- [ ]
- [ ]
- [ ]
- [ ]
- [ ]
- [ ]
- [ ]
- [ ]
- [ ]
- [ ]

Instructions

Recipe

SERVES: **PREP TIME:**   **BAKE TIME:**

Ingredients

Instructions

Recipe

SERVES: **PREP TIME:**   **BAKE TIME:**

Ingredients

Instructions

Recipe

SERVES: **PREP TIME:**   **BAKE TIME:**

Ingredients

Instructions

Recipe

SERVES: **PREP TIME:** **BAKE TIME:**

Ingredients

Instructions

Recipe

SERVES: **PREP TIME:**   **BAKE TIME:**

Ingredients

Instructions

Recipe

SERVES:　　　　　**PREP TIME:**　　　　　**BAKE TIME:**

Ingredients

Instructions

Recipe

SERVES: **PREP TIME:**   **BAKE TIME:**

Ingredients

Instructions

Recipe

SERVES: **PREP TIME:**   **BAKE TIME:**

Ingredients

Instructions

Recipe

SERVES:

PREP TIME:

BAKE TIME:

Ingredients

Instructions

Recipe

SERVES: **PREP TIME:**   **BAKE TIME:**

Ingredients

Instructions

Recipe

SERVES: **PREP TIME:**   **BAKE TIME:**

Ingredients

Instructions

Recipe

SERVES: **PREP TIME:**   **BAKE TIME:**

Ingredients

Instructions

Recipe

SERVES: **PREP TIME:**   **BAKE TIME:**

Ingredients

Instructions

Recipe

SERVES: **PREP TIME:** **BAKE TIME:**

Ingredients

- [ ]
- [ ]
- [ ]
- [ ]
- [ ]
- [ ]
- [ ]
- [ ]
- [ ]
- [ ]

Instructions

Recipe

SERVES: **PREP TIME:**   **BAKE TIME:**

Ingredients

Instructions

Recipe

SERVES:　　　　　**PREP TIME:**　　　　　**BAKE TIME:**

Ingredients

Instructions

Recipe

SERVES: **PREP TIME:**   **BAKE TIME:**

Ingredients

Instructions

Recipe

SERVES: **PREP TIME:**   **BAKE TIME:**

Ingredients

- [ ]
- [ ]
- [ ]
- [ ]
- [ ]
- [ ]
- [ ]
- [ ]
- [ ]
- [ ]

Instructions

Recipe

SERVES: **PREP TIME:**   **BAKE TIME:**

Ingredients

Instructions

Recipe

SERVES: **PREP TIME:**   **BAKE TIME:**

Ingredients

Instructions

Recipe

SERVES: **PREP TIME:**   **BAKE TIME:**

Ingredients

Instructions

Recipe

SERVES: **PREP TIME:**   **BAKE TIME:**

Ingredients

Instructions

Recipe

SERVES: **PREP TIME:**   **BAKE TIME:**

Ingredients

Instructions

Recipe

SERVES: **PREP TIME:**   **BAKE TIME:**

Ingredients

Instructions

Recipe

SERVES: **PREP TIME:**   **BAKE TIME:**

Ingredients

Instructions

Recipe

SERVES: **PREP TIME:** **BAKE TIME:**

Ingredients

Instructions

Recipe

SERVES: **PREP TIME:** **BAKE TIME:**

Ingredients

Instructions

Recipe

SERVES: **PREP TIME:** **BAKE TIME:**

Ingredients

Instructions

Recipe

SERVES: **PREP TIME:**   **BAKE TIME:**

Ingredients

Instructions

Recipe

SERVES: **PREP TIME:**   **BAKE TIME:**

Ingredients

Instructions

Recipe

SERVES: **PREP TIME:**   **BAKE TIME:**

Ingredients

Instructions

Recipe

SERVES: **PREP TIME:** **BAKE TIME:**

Ingredients

Instructions

Recipe

SERVES: **PREP TIME:**   **BAKE TIME:**

Ingredients

Instructions

Recipe

SERVES: **PREP TIME:**   **BAKE TIME:**

Ingredients

Instructions

Recipe

SERVES: **PREP TIME:**   **BAKE TIME:**

Ingredients

Instructions

Recipe

SERVES: **PREP TIME:** **BAKE TIME:**

Ingredients

Instructions

Recipe

SERVES: **PREP TIME:** **BAKE TIME:**

Ingredients

Instructions

Recipe

SERVES: **PREP TIME:** **BAKE TIME:**

Ingredients

-
-
-
-
-
-
-
-
-
-

Instructions

Recipe

SERVES: **PREP TIME:**   **BAKE TIME:**

Ingredients

Instructions

Recipe

SERVES: **PREP TIME:**   **BAKE TIME:**

Ingredients

Instructions

Recipe

SERVES: **PREP TIME:**   **BAKE TIME:**

Ingredients

Instructions

Recipe

SERVES: **PREP TIME:**   **BAKE TIME:**

Ingredients

- [ ]
- [ ]
- [ ]
- [ ]
- [ ]
- [ ]
- [ ]
- [ ]
- [ ]
- [ ]

Instructions

Recipe

SERVES: **PREP TIME:**   **BAKE TIME:**

Ingredients

Instructions

Recipe

SERVES: **PREP TIME:**   **BAKE TIME:**

Ingredients

Instructions

Recipe

SERVES: **PREP TIME:**   **BAKE TIME:**

Ingredients

Instructions

Recipe

SERVES: **PREP TIME:**   **BAKE TIME:**

Ingredients

Instructions

Recipe

SERVES: **PREP TIME:** **BAKE TIME:**

Ingredients

Instructions

Recipe

SERVES: **PREP TIME:** **BAKE TIME:**

Ingredients

Instructions

Recipe

SERVES: **PREP TIME:**   **BAKE TIME:**

Ingredients

Instructions

Recipe

SERVES: **PREP TIME:**   **BAKE TIME:**

Ingredients

Instructions

Recipe

SERVES: **PREP TIME:**   **BAKE TIME:**

Ingredients

Instructions

Recipe

SERVES: **PREP TIME:**   **BAKE TIME:**

Ingredients

Instructions

Recipe

SERVES: **PREP TIME:**   **BAKE TIME:**

Ingredients

Instructions

Recipe

SERVES: **PREP TIME:**   **BAKE TIME:**

Ingredients

Instructions

Recipe

SERVES:　　　　　**PREP TIME:**　　　　　**BAKE TIME:**

Ingredients

Instructions

Recipe

SERVES:　　　　**PREP TIME:**　　　　**BAKE TIME:**

Ingredients

Instructions